Género Ficción realista

Pregunta esencial
¿Qué vemos en el cielo?

Maravillas en el cielo

Virginia Segret Mouro
ilustrado por Julissa Mora

Capítulo 1

Llegan los abuelos viajeros

Cuando los abuelos llegaron, Julia y sus padres los recibieron muy cariñosamente.

—¡Abuelita, abuelito, han regresado! ¡Los extrañaba mucho! —exclamó Julia feliz.

Ada y José, los abuelos de Julia, acababan de llegar de un viaje por el norte de Canadá.

—¡Hola, pequeña, qué ganas teníamos de verte! Nuestro viaje fue hermoso y traemos regalos para ti —dijo el abuelo sonriente.

El abuelo llevaba una gran cámara de fotos colgada del cuello.

—Yo también tengo una sorpresa, Julia —dijo la abuela.

La niña quedó pensativa. ¿Qué sorpresas tendrían sus abuelos?

—Cuenten lo que han visto —dijo Julia muy interesada.

—Canadá es un país hermoso, hay grandes bosques. Fue un viaje muy interesante y divertido —dijo la abuela.

—¡Oh, sí! Hemos visto pinos enormes y la nieve cubre todo el paisaje. ¡Una maravilla, Julia! —agregó el abuelo.

Los padres de Julia trajeron refrescos y galletas para todos.

Se acomodaron en el salón de la casa.

Era el mediodía y hacía calor. El cielo estaba despejado. Los amigos de Julia jugaban afuera con sus balones y sus cometas. Interesados por la llegada de los abuelos viajeros, se asomaron a la ventana del salón.

—Parece que tus amiguitos quieren escuchar nuestro relato —dijo la abuela.

—¡Invítalos a pasar, hija! —dijo la mamá de Julia.

Julia invitó a sus amigos a compartir el relato de los abuelos viajeros.

Capítulo 2 Aventuras en Canadá

Entonces, Ada y José comenzaron a contar.

—En el norte de Canadá hace mucho frío. El hielo tiene tonos azules, celestes... Es bellísimo —dijo la abuela.

—Hay osos polares, muy blancos y enormes —dijo el abuelo.

—Y ardillas juguetonas —agregó la abuela—. Brincan de un pino a otro y se mecen en las ramas como si fueran hamacas.

Julia y sus amigos escuchaban muy interesados. Los padres de Julia los miraban sonriendo.

Los papás de Julia trajeron más galletas y refrescos para los niños. Mientras <u>disfrutaban</u> esas delicias, escuchaban el relato de la abuela.

Ada contó que en el norte de Canadá a veces se ve algún trineo tirado por perros muy peludos. Allí, los lagos están congelados y los niños patinan en el hielo vestidos con gorros de lana y bufandas.

El abuelo escuchaba atento. Recordaba esos lugares que tanto habían gustado a Ada.

—¡Y qué divertidas son las focas! —agregó la abuela—. Juegan con sus hijitos, hacen hoyos en el hielo y de pronto... ¡plaf! se sumergen en el agua. Los osos y las focas son animales que viven en sitios fríos, como el norte de Canadá.

Detective del lenguaje

¿Cuál es el presente del verbo subrayado en esta página?

—La abuela disfrutó mucho con el paisaje, con los bosques nevados y con los animales. Pero a mí, lo que más me gustó, fue el cielo —dijo el abuelo.

—¿El cielo, abuelo? —preguntó Julia sorprendida.

—Sí, pequeña, en Canadá hay auroras boreales.

Julia jamás había escuchado hablar de ellas.

—¿Qué son las auroras boreales, abuelo? —preguntó intrigada.

Capítulo 3 Nada más bello que una aurora boreal

—La aurora boreal es un fenómeno que ocurre en el cielo solo de noche. Podemos verla en el Polo Norte y en los meses más fríos del año —contó el abuelo.

—Parecen rayos multicolores muy brillantes que iluminan el cielo —dijo la abuela.

—El abuelo ha tomado muchísimas fotografías, niños —comentó la abuela.

El abuelo continuó:

—Las auroras boreales cambian rápidamente de forma. Al principio son un pequeño arco en el horizonte. ¡Pero no debemos confundirlas con el arcoíris! Luego, ese arco brillante se va agrandando..., agrandando..., y el cielo de la noche comienza a iluminarse maravillosamente. Las luces hacen ondas, rizos, espirales que se mueven constantemente. Esta actividad puede durar apenas unos minutos, pero a veces esos brillos están en el cielo muchas horas.

—¡Nosotros pudimos verlas durante toda la noche! —dijo la abuela.

—Es cierto —dijo el abuelo—. No hemos dormido para poder disfrutar ese espectáculo tan especial. Luego, al amanecer, poco a poco fueron desapareciendo.

—¡Qué maravilla! —dijeron todos.

Julia y sus amigos escuchaban fascinados. ¡Qué cielo tan bello! ¡Qué espectáculo tan extraordinario! ¡Y los paisajes y los animales que había disfrutado su abuela! Maravillada con el relato de sus abuelos, Julia dijo:

—¡Abuela, tú miras a la tierra y el abuelo mira al cielo!

Todos rieron con el comentario de Julia.

—La naturaleza es un espectáculo bellísimo, niños —dijo el abuelo—. Hay que disfrutarla, pero también hay que protegerla.

Todos estuvieron de acuerdo.

Capítulo 4 Sorpresa para Julia

—Les mostraré las fotografías que he tomado de las auroras boreales —dijo el abuelo.

Los niños estaban encantados con la idea. La abuela sonreía.

El abuelo quiso encender la máquina de fotos pero no funcionaba.

—Creo que las pilas se han agotado. Las cambiaré —agregó.

Detective del lenguaje	**¿Cuál es el presente del verbo subrayado en esta página?**

Mientras los niños terminaban sus refrescos, el abuelo mostró las coloridas fotografías que había tomado del cielo.

Había muchísimas, todas diferentes. Las fotografías mostraban los dibujos que los rayos de luz de las auroras boreales habían hecho en el cielo nocturno.

—Abuelo, ¿me llevarás algún día a Canadá a ver las auroras boreales? ¡Me encantaría tomar fotos de ellas! —dijo Julia.

—Sí, mi pequeña. Ya organizaremos un nuevo viaje contigo. Tomarás tus fotos y, cuando crezcas, ¡quizá seas fotógrafa como soy yo! —dijo el abuelo, orgulloso de su nieta.

—Debo buscar algo en mi maleta. Enseguida vuelvo —dijo la abuela.

Minutos después, la abuela regresó con un bello cuadro pintado por ella misma. ¡Era una aurora boreal!

—Es para ti, Julia. Lo he pintado mientras tu abuelo tomaba fotografías del cielo —dijo la abuela.

Julia saltaba de alegría.

—¡Qué alegría que tienes, pequeña! —exclamó el abuelo.

La niña comtempló el cuadro durante unos instantes.

—¡Es hermoso! ¡Lo colgaré en mi dormitorio! Cuando sea grande seré fotógrafa —dijo mirando al abuelo—. ¡Y también pintora como tú!

Los abuelos sonreían. Los amigos de Julia, felices, contemplaban el cuadro.

Respuesta a la
lectura

Resumir

Usa detalles del cuento como ayuda para resumir *Maravillas en el cielo.*

Evidencia en el texto

1. ¿Cómo sabes que *Maravillas en el cielo* es un cuento de ficción? **GÉNERO**

2. ¿Qué vio Julia primero, las fotos del abuelo o el cuadro de la abuela? Usa detalles del cuento para responder. **SECUENCIA**

3. Usa lo que sabes sobre palabras compuestas para hallar el significado de *mediodía* en la página 4. **PALABRAS COMPUESTAS**

4. Escribe sobre la aurora boreal. **ESCRIBIR SOBRE LA LECTURA**

Género Texto expositivo

Compara los textos

Lee sobre los eclipses.

Los eclipses

Las personas pueden usar filtros o incluso una cartulina para ver un eclipse sin peligro.

Los eclipses solares totales son muy especiales. Ocurren solo cada año y medio, aproximadamente. Solo se pueden ver en ciertas partes del mundo. ¡Algunas personas viajan al otro lado del mundo para ver uno! Es un viaje largo para un suceso que es muy breve.

Un eclipse solar dura algunas horas desde que comienza hasta que termina. Durante el eclipse, la Tierra, la Luna y el Sol se alinean. La sombra de la Luna pasa por encima de la Tierra. El Sol se cubre totalmente durante solo unos minutos.

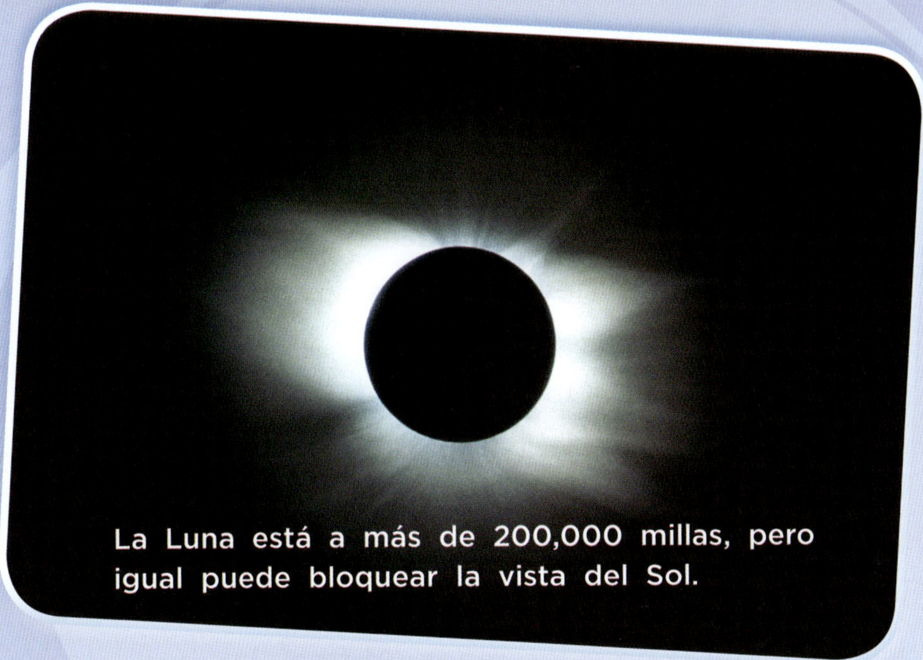

La Luna está a más de 200,000 millas, pero igual puede bloquear la vista del Sol.

¿Cómo puede bloquear nuestra pequeña Luna la luz de nuestro gran Sol? Intenta esto. Sostén tu cuaderno frente a tu cara. ¿Ves cómo bloquea tu visión de cosas más grandes? Los objetos cercanos parecen más grandes que los objetos lejanos. Los objetos lejanos parecen más pequeños de lo que realmente son. Aunque la Luna es diminuta en comparación con el Sol, puede evitar que la luz del Sol alcance la Tierra.

Haz conexiones

¿Qué ves durante un eclipse? **PREGUNTA ESENCIAL**

¿Cuál es el tema principal de *Los eclipses* y de *Maravillas en el cielo*? **EL TEXTO Y OTROS TEXTOS**

StockTrek/Photodisc/Getty Images

Enfoque:
Elementos literarios

Trama La trama relata los sucesos de un cuento en una secuencia: primero, después, luego y al final.

Lee y descubre Observa qué hacen los personajes en *Maravillas en el cielo*, adónde van y qué les sucede. Primero, los abuelos de Julia regresan de su viaje. Después, hablan de los paisajes que vieron y de la aurora boreal. Luego, el abuelo les muestra las fotos del viaje a los niños. Al final, la abuela le regala a Julia un cuadro que ella misma pintó.

Tu turno

Imagina que escribes un cuento de ficción sobre lo que ven las personas de día o de noche en el cielo. Piensa quiénes serán tus personajes y dónde transcurre el cuento. Luego, haz una tabla de secuencia que muestre qué sucede primero, después, luego y al final. Escribe dos cosas que sucedan en cada parte del cuento.